Carluccio's COLLECTION

PILZE & TRÜFFEL

ANTONIO & PRISCILLA CARLUCCIO

Zur Erinnerung an den
Fotografen André Martin

WILHELM HEYNE VERLAG
MÜNCHEN

Inhalt

Falsch bestimmte Pilze zu essen, kann tödlich sein. Wenn Sie zweifeln, verzichten Sie darauf! Weder Autoren noch Verlag können rechtliche Verantwortung oder Haftung für die Fälle übernehmen, in denen Pilze nicht richtig erkannt wurden.

Alle Rezepte sind, wenn nicht anders angegeben, für vier Personen berechnet.

Vorwort

Die Welt der Pilze ist für Kenner überaus faszinierend – und noch geheimnisvoller für jeden, der sie nicht kennt. Pilze entziehen sich aller Regeln, die normal in der Pflanzenwelt gelten. Sie brauchen kein Chlorophyll, das Pflanzen zum Überleben benötigen. Sie wachsen als Parasiten und beziehen ihre Energie daher nicht von der Sonne. Als Gemüse gelten sie nicht, wenngleich auch die überall erhältlichen gezüchteten Arten diesem Bild entsprechen könnten – Waldpilze tun dies sicherlich nicht. Wie Sie vielleicht wissen, bin ich ein leidenschaftlicher Pilzexperte und -liebhaber, der es genießt, Pilze zu studieren und zu essen. Pilze sind außergewöhnliche Lebensmittel, die bei allen Spitzenköchen der Welt in höchster Gunst stehen und finden in den wundervollsten Gerichten Verwendung.

In Italien ist es schon fast eine Pflicht, Pilze, und insbesondere *porcini* (Steinpilze, *Boleto edulis*) zu essen, und viele Italiener sammeln in der Pilzsaison auch selber. Mit dem Geschmack und der Konsistenz von Pilzen aus Wald und Wiese und der Freude, die man daran hat, kann sich nichts messen, insbesondere, wenn man selbst der Sammler und Koch ist! Einen kleinen Haken hat die Sache allerdings, denn wenn man Wildpilze sammeln möchte, heißt das, daß man sie auch kennen muß. Unter all den eßbaren Arten, die von Frühjahr bis Herbst im Wald wachsen, finden sich auch einige sehr giftige und unverdauliche Sorten, die beim Verzehr unangenehme Nebeneffekte haben und teilweise sogar tödlich sein können. Ein fundiertes Fachwissen ist für das Sammeln unabdingbar. Wer Pilze nicht sicher bestimmen kann, sollte die

Pilzjagd den Experten überlassen und seine Ware lieber von anerkannten Händlern kaufen. Experimente mit unbekannten Wildpilzen sollte man auf keinen Fall wagen – man riskiert, seine letzte Mahlzeit zu sich zu nehmen! Jährlich sterben in Frankreich und Italien regelmäßig Leute, die bezüglich ihres Pilzwissens zu zuversichtlich waren.

Die Italiener essen frische Wildpilze nur während der Saison, machen sie aber durch Einlegen oder Trocknen auch für den Rest des Jahres verfügbar. Ein Großteil der Pilzbeute wird in Scheiben geschnitten und an der Luft getrocknet, um außerhalb der Saison vielen verschiedenen Gerichten den besonderen Geschmack zu verleihen. Steinpilze sind aufgrund ihres konzentrierten Aromas dafür besonders geeignet. Tatsächlich genügen nur wenige getrocknete Exemplare, 10 bis 15 Minuten lang in lauwarmem Wasser eingeweicht, abgetropft und in kleine Stücke geschnitten, um sogar Pilzgerichte geschmacklich noch zu verbessern.

Tiefgefrieren ist eine weitere Methode, Pilze haltbar zu machen, wenngleich ich bei jedem Lebensmittel eigentlich lieber auf das frische Angebot zurückgreife. Wenn das Sammlerglück sehr groß war, ist Tiefkühlen jedoch eine sehr nützliche Methode, um die Pilze für Saucen und Risotti zu konservieren. Dünsten Sie dafür zunächst klein geschnittene Zwiebeln in sehr viel Butter, geben Sie dann die in Scheiben geschnittenen Pilze dazu, und dünsten Sie sie weitere 10 Minuten. Lassen Sie die Mischung etwas abkühlen und füllen Sie sie zum Einfrieren vor dem Erstarren in fest verschließbare Plastikbehälter um. Die große Menge Butter schützt und konserviert die gefrorenen Pilze und ist später schön aromatisiert, so daß sie sich nach dem Auftauen gut für andere Gerichte verwenden läßt.

Zum Schluß noch ein paar Worte zur Trüffel: Sie ist auch ein Pilz und wird ebenfalls nur in der Saison verzehrt – dünn über Speisen gehobelt, denen sie ihr intensives, phantastisches Aroma verleiht, das sogar einfache Eier in ein Feinschmeckergericht verwandelt. Neben der weißen Alba-Trüffel (*Tuber magnatum pico*), die jeder Norditaliener zumindest einmal im Jahr genießen möchte, wachsen auch die beiden schwarzen Trüffelarten (*T. melanosporum* und *T. aestivum*) in Italien, vor allem im Piemont, in Umbrien, der Toskana und Kalabrien. Sie sind jedoch längst nicht so beliebt wie die Alba-Trüffel. Diesen heißbegehrten Pilz spürt man nur zwischen September und Januar mit der Hilfe von speziell trainierten Hunden auf, weswegen er auch sehr viel teurer ist als seine Verwandten – bis zu 5000 Mark pro Kilo. Man hobelt die weiße Trüffel meist dünn über Pastagerichte und Risotto, aber auch über Rinder-Carpaccio und Eiergerichte.

Konservierte Trüffeln gehören nicht zu meinen Favoriten, da sie durch das Einlegen bis zu 80 Prozent ihres Geschmacks einbüßen. Gutes Trüffelöl, vorsichtig und sparsam verwendet, ist jedoch eine gute Sache. Kommerziell hergestellte Trüffelpaste und -butter sind nützlich für Crostini und ähnliche Zubereitungen.

Dieses Buch bietet Ihnen die wichtigsten Grundlagen dafür, ebenfalls ein Pilzliebhaber zu werden oder sogar mit Freude ihre eigenen Waldpilze zu sammeln – wenn auch nur in Begleitung eines Experten und dort, wo es gestattet ist. Was auch immer Sie daraus machen, ich wünsche Ihnen dabei viel Erfolg!

Antonio Carluccio

Die verschiedenen Pilzfamilien

Pilze lassen sich in drei Hauptgruppen oder Familien einteilen: Blätterpilze, Röhrenpilze und Schlauchpilze wie Trüffeln, die alle ihre charakteristischen Merkmale und Wachstumsbedingungen haben. Wie Blumen und Pflanzen haben auch die Pilze lateinische Namen, so daß man sie international bestimmen kann. Manchmal hat jedoch ein und derselbe Pilz mehr als einen lateinischen Namen, je nachdem, wie viele Menschen seine Entdeckung für sich in Anspruch nehmen. Ich hoffe, daß der folgende einfache Führer dazu beiträgt, diese Gruppen leichter zu erkennen.

Blätterpilze

Die Blätterpilze bilden die größte Gruppe, die aus buchstäblich Hunderten von Varietäten besteht. Hauptmerkmal der Familie sind, wie schon der Name sagt, die Blätter bzw. Lamellen unter dem Hut. In diesen Lamellen bildet der Pilz seine Sporen, winzige Samen, die man mit bloßem Auge nicht erkennen kann. Wer sie sehen möchte, legt den Hut verkehrt herum auf ein Blatt Papier. Nach ein paar Stunden haben die herausgefallenen Sporen ein Muster darauf hinterlassen, das den Pilz genauso deutlich kennzeichnet wie ein Fingerabdruck. Die meisten Pilze gehören in diese Gruppe, am weitesten verbreitet ist der Wiesenchampignon.

Im Uhrzeigersinn von links oben: Amanita nebularis, Hallimasch (Chiodino), Kaiserling (Ovolo), Violetter Rötelritterling (Agarico Nudo), Echter Reizker (Agarico Delizioso), Steinpilz (Porcino)

Oben: Pfifferling (Cantarello)

Röhrenpilze

Der zweite Pilztyp, der nicht weniger fruchtbar ist als die Blätterpilze, heißt Röhrenpilz und trägt im Gegensatz zum Blätterpilz dicht zusammensitzende kleine Röhren unter dem Hut. Bei ganz jungen Exemplaren kann man diese Röhren noch nicht erkennen. Sie entwickeln sich jedoch mit zunehmendem Alter und enthalten die Sporen, mit denen der Pilz sich fortpflanzt. Zu den Pilzen dieser Gruppe gehören die berühmten *porcini*, Steinpilze, die zusammen mit *cantarello*, Pfifferling, und *spugnola*, Morchel, wahrscheinlich die besten Speisepilze der Welt sind.

Schlauchpilze

Die dritte Pilzart sind die Schlauchpilze. Ihre Sporen, die sie auf der Oberfläche bilden, werden nicht durch Wind und Regen verbreitet, sondern durch Insekten, Fliegen und Maden. Die berühmtesten Mitglieder dieser Gruppe sind die *tartufi*, Trüffeln, von denen die allerbesten ein feines, charakteristisches Aroma haben und hohe Preise erzielen. Trüffeln sehen aus wie Kartoffeln und gedeihen unter der Erde. Bekanntlich sind sie schwer zu finden, und so werden Hunde – in der Vergangenheit Schweine – eingesetzt, um sie zu erschnüffeln. Die Hundeführer müssen ihre Tiere gut belohnen, damit diese ihre Funde nicht selbst fressen.

Rechts: Konservierte schwarze Trüffeln, verpackt von einem Pilzverarbeitungsbetrieb

Sammeln und Sicherheit

Zu Recht fürchten viele Leute, aus Versehen giftige Pilze zu essen. Manche lassen sich in der freien Natur nur schwer bestimmen und erfordern ein erfahrenes Auge, viele andere aber sind leicht erkennbar und können ohne Sorge gesammelt werden. Es lohnt sich, ein Pilzbuch zu konsultieren, damit man schnell identifizieren kann, was man findet. Der Fundort selbst und die örtlichen Verhältnisse spielen hier aber auch eine wichtige Rolle. Nehmen Sie am Anfang einen Experten mit und sammeln Sie keinesfalls wahllos Pilze.

Die Lebensdauer eines Pilzes ist je nach Wetter nur kurz oder auch ziemlich lang – im allgemeinen ein paar Tage vom ersten Erscheinen bis zur Reife. Den besten Geschmack haben Pilze in der Mitte ihres Lebenszyklus. Lassen Sie daher die kleinsten stehen, selbst wenn sie verführerisch aussehen. Ältere Pilze haben weniger Aroma, ihre Eiweißstoffe degenerieren und locken Maden an.

Nehmen Sie zum Sammeln ein Messer mit, damit Sie madige oder faulige Stellen gleich an Ort und Stelle abschneiden können. So können die Pilze sich nicht gegenseitig anstecken. Transportiert man sie in einem Korb, werden sie gut durchlüftet und können ihre Sporen verstreuen, aus denen neue Pilze wachsen. Unbekannte Arten sollte man nicht anfassen, da manche sogar bei Berührung giftig sind.

Einige goldene Regeln für Pilzesser: Lassen Sie die Pilze von einem Fachmann (z. B. bei einer Pilzberatungsstelle) zum Verzehr freigeben. Nehmen Sie niemals Pilze von unbekannten Personen als Geschenk an. Denken Sie daran, daß unbekannte Sorten Allergien auslösen können; essen Sie also nicht zuviel von neuen Arten. Trinken Sie keinen Alkohol zu Pilzen, da sich beide gegenseitig negativ beeinflussen können. Und schließlich sollten Pilze gleich nach dem Sammeln gekocht und gegessen und nicht wieder erwärmt werden.

Oben: In Salzwasser konservierte weiße Trüffeln

Rechts: Getrocknete große Steinpilzköpfe

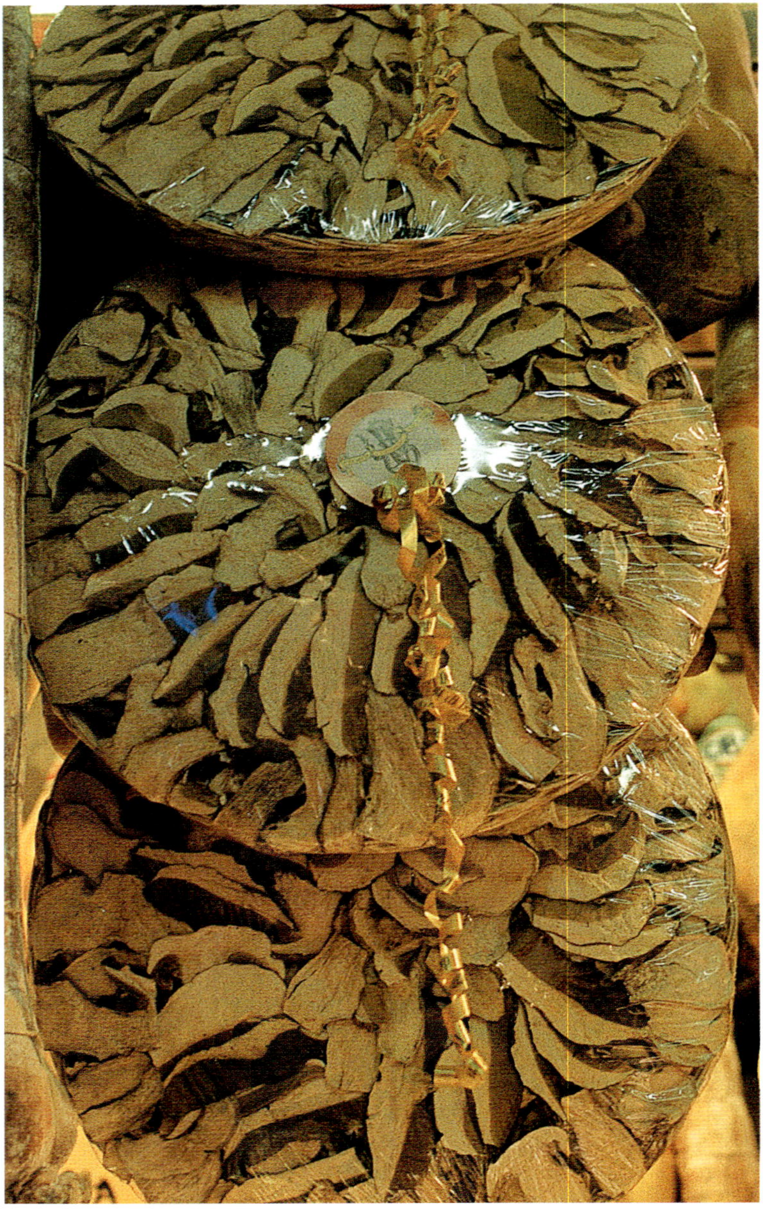

Vorbereiten und Konservieren

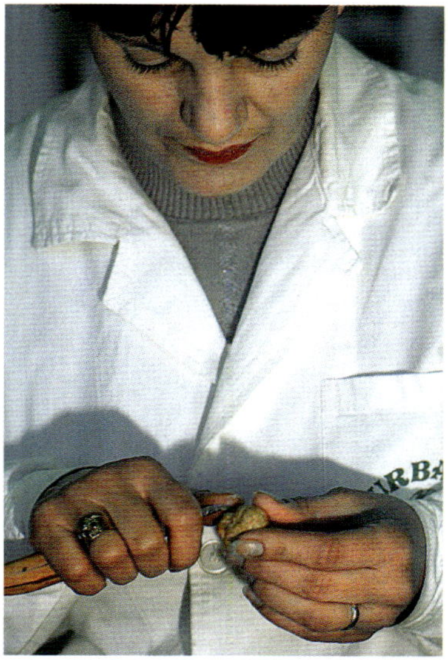

Oben: Doriana beim Putzen der kostbaren weißen Alba-Trüffeln

Waschen Sie Pilze vor der Zubereitung nicht, sondern wischen Sie sie mit einem feuchten, sauberen Tuch ab. Die einzige Ausnahme bilden Pfifferlinge und Morcheln, bei denen oft Sand in den Lamellen sitzt, der gründlich mit fließendem Wasser abgewaschen werden muß. Dabei geht zwar ein wenig von ihrem Aroma verloren, aber man kann schließlich nicht alles haben.

Entfernen Sie beim Putzen unbedingt alle madigen oder verdorbenen Stellen. Sowohl selbst gesammelte als auch gekaufte Pilze sollten gleich verbraucht werden, ganz gleich, ob sie frisch verzehrt oder konserviert werden. Im Kühlschrank halten sie sich nur kurze Zeit.

All diesen Warnungen zum Trotz sind Pilze ein wunderbares Geschenk der Natur. Man muß damit nur umzugehen wissen. Ich schneide sie am liebsten in Scheiben und brate sie einfach mit etwas Knoblauch, Petersilie und manchmal etwas gehackter Chilischote in Butter oder Olivenöl. Übrigens sollte man Pilze erst gegen Ende der Kochzeit salzen, damit sie nicht allzusehr schwitzen.

Die meisten Pilze oder Trüffeln ißt man frisch in der Saison – auf unterschiedlichste Art zubereitet. Doch auch außerhalb der Saison sind sie in konservierter Form erhältlich. Getrocknete Pilze verwendet man meist für Saucen, aber auch, um den Geschmack frischer Zuchtpilze zu steigern. Pilze werden auch in Öl eingelegt und traditionell wie Essiggemüse als Antipasto gereicht.

Die neueste Konservierungsmethode für Pilze ist das Tiefkühlen. Dabei bleibt ein großer Teil ihres Geschmacks erhalten, der Biß dagegen geht verloren. Tiefgekühlte Pilze eignen sich gut für die Zubereitung von Saucen, Suppen und Schmorgerichten.

Uova al Tartufo

TRÜFFELEIER

Butter zum Einfetten
8 Eier
8 TL Crème Double
Salz
45 g weiße Trüffel (oder mehr, wenn Sie es sich leisten können)

Den Ofen auf 180° C vorheizen (Gas Stufe 2). 4 große Auflaufförmchen mit Butter einfetten. Je zwei Eier in jede Form schlagen und mit der Crème Double übergießen. Nach Geschmack salzen.

In den Ofen stellen. Nach fünf Minuten überprüfen, ob das Eiweiß schon geronnen ist und, wenn ja, die Förmchen gleich herausnehmen.

Die Trüffeln hobeln und auf den Eiern verteilen. Sofort servieren, mit gutem Brot als Beilage.

Eines der elegantesten und raffiniertesten Gerichte der Piemonteser Küche. Es kann als Vorspeise beim feinen Dinner serviert werden, paßt wegen seiner Einfachheit aber auch zu alltäglicheren Anlässen.

Uova (Eier)

Eier und der Geschmack von Trüffeln passen von Natur aus großartig zusammen. Rührei mit Trüffelspänen ist eines meiner Lieblingsgerichte.

Da Eierschalen luftdurchlässig sind, können sie starke Gerüche, wie den der Trüffeln aufnehmen. Lagert man beide nebeneinander, nimmt das Ei das Trüffelaroma auf – eine köstliche Delikatesse.

Dafür sollten die Eier gut und frisch sein. Am besten sind sie von freilaufenden körner- oder maisgefütterten Hühnern.

Ein sehr frisches, ein bis zwei Tage altes Ei erkennt man daran, daß es in einer Schüssel Salzwasser (60 g Salz auf 1/2 Liter) ganz zu Boden sinkt. Geht es nur wenig unter, ist es fünf bis sechs Tage alt, und wenn es an der Oberfläche bleibt, kann es 10 Tage oder älter sein. Wenn es mit dem stumpfen Ende nach oben aufschwimmt, ist es sehr alt, und man sollte es nicht mehr verzehren.

Fonduta con Tartufo

FONDUE MIT TRÜFFEL

400 g Fontina, in kleine Würfel geschnitten
250 ml Milch
6 Eidotter
30 g Butter
Salz und Pfeffer
45–55 g weiße Trüffel

Die Fontinawürfel in eine Schüssel geben, mit soviel Milch übergießen, daß sie bedeckt sind und 2 bis 3 Stunden stehen lassen.

Die Schüssel in einen Topf mit heißem, aber nicht kochendem Wasser hängen. Der Schüsselboden darf das Wasser nicht berühren. Langsam rühren, bis Käse und Milch zu einer homogenen Masse verschmolzen sind. Jetzt die Eidotter, Butter, eine Prise Salz und etwas Pfeffer zugeben. Weiterrühren, bis das Fondue cremig eingedickt ist.

Auf vier kleinere Schüsseln verteilen, Trüffel darüberhobeln und mit getoasteten Brotstreifen aufstippen.

Früher tunkten Piemonteser Bauern ihr Brot in diese himmlische Sauce aus regionalen Zutaten: Fontina aus dem Aostatal und weiße Trüffeln. Heute sind Trüffeln so teuer, daß das Gericht den feinsten Piemonteser Lokalen vorbehalten ist.

Fontina
(Vollfetter Fonduekäse)

Fontina ist gleichbedeutend mit dem Aosta-Tal. Die Tradition seiner Herstellung ist uralt und reicht bis ins 12. Jahrhundert zurück. In der Region ist man sehr stolz auf diesen Käse, in dem der Duft saftiger Weiden buchstäblich eingefangen ist.

Die Kühe, die die Milch dafür liefern, kommen aus dem Aosta-Gebiet und werden gründlich kontrolliert, um einen hohen Qualitätsstandard zu gewährleisten. Da die Milch spätestens zwei Stunden nach dem Melken verarbeitet werden muß, wird sie aus den höher gelegenen Alpenregionen ins Tal gebracht.

Nach dem Pressen reifen die Laibe in temperierten Kellern, wo sie auf Latten liegen und täglich gewendet werden. Jeden zweiten Tag taucht man den Käse in Salzlake. Je nach Hersteller reift Fontina 2 bis 6 Monate.

Mit seinem milden Geschmack eignet er sich sehr gut zum Kochen und durch seine gute Schmelzfähigkeit ist er ideal für Fondue. Doch auch frisch vom Laib schmeckt er gut.

Formaggio al Tartufo

TRÜFFELKÄSE

FÜR 6 PERSONEN
200 g Ricotta, vorzugsweise aus Schafsmilch
55 g Parmesan, gerieben
200 g Mascarpone
25 g frische Alba-Trüffel, gerieben (oder frische schwarze Trüffel und einige Tropfen Trüffelöl)
Salz und Pfeffer

Alle Zutaten gut vermischen, jedoch nur wenig salzen und pfeffern, und einige Stunden stehen lassen, damit die Geschmackskomponenten sich gut verbinden.

Käse kann, genau wie Eier, das Trüffelaroma vorteilhaft aufnehmen. Traditionell lagert man beides nebeneinander im Keller.

Verschiedene Waldpilze (im Uhrzeigersinn von oben links): Kaiserling (Ovolo), Pfifferling (Cantarello), Echter Reizker (Agarico Delizioso), Agarico Nebbioso, Steinpilz (Porcino), Hallimasch (Chiodino), großer Echter Reizker (Agarico Delizioso), Violetter Rötelritterling (Agarico Nudo)

Funghi Conciati

GEMISCHTE WALDPILZE IN KNOBLAUCH

600 g gemischte Waldpilze
4 EL Weißweinessig
125 ml Olivenöl extra vergine
2 Knoblauchzehen, in Scheiben geschnitten
1 Chilischote, fein gehackt
2 EL fein gehackte glatte Petersilie
Salz

Die Pilze gut säubern (siehe Seite 17), größere Exemplare dabei halbieren. Einen großen Topf Wasser mit Essig und 15 g Salz pro Liter zum Kochen bringen. Die Pilze 8 bis 10 Minuten darin kochen, abgießen und abkühlen lassen. Öl in einer Pfanne erhitzen und Knoblauch und Chili 1 bis 2 Minuten darin anbraten, ohne den Knoblauch zu bräunen. Die Pilzmischung dazugeben, gut unterrühren, Petersilie hinzufügen und nach Geschmack salzen. Das Gericht schmeckt kalt wunderbar als Salat oder Vorspeise, aber auch als Beilage zu aufgeschnittenem kaltem Fleisch.

Hierfür eignen sich gemischte Pilze der Saison: Pfifferlinge, Wiesenchampignons, Semmelstoppel- oder Austernpilze.

Cappelle di Funghi alla Griglia

GEGRILLE STEINPILZHÜTE MIT KNOBLAUCH

1 großer Steinpilz pro Person
Knoblauch, in dünne Stifte geschnitten
Olivenöl zum Bestreichen
Salz
gehackte glatte Petersilie zum Garnieren

Den Grill vorheizen. Die Stiele der Pilze entfernen und anderweitig verwenden. Kleine Schnitte in die Pilzhüte machen und Knoblauchstifte hineinstecken. Mit Olivenöl beträufeln und etwa 10 Minuten unter dem heißen Grill backen, bis die Hüte weich sind.
Mit Salz und gehackter Petersilie bestreut servieren.

Ohne andere Angaben sind »funghi« in Italien fast immer Porcini, Steinpilze, die Könige der Speisepilze. Ihre Beliebtheit spiegelt ihre kulinarische Vielseitigkeit und ihr appetitliches Aussehen wider.

Porcino (Steinpilz)

In der Küche hat der Steinpilz einen Ehrenplatz. Sein Geschmack und seine Konsistenz sind unvergleichbar. Große junge Hüte grillt man auf Holzkohle oder fritiert sie, in Ei und Semmelbröseln gewendet. Er ist wahrscheinlich der einzige Pilz, der nach dem Kochen cremeweiß bleibt.

Steinpilze sind vorzüglich in Schmorgerichten und Suppen, in Pastasaucen oder mit Polenta, in Risotti und als Beilage zu Fleisch oder auch Fisch. Aus den kleinsten Exemplaren, gehobelt und mit Olivenöl extra vergine und Zitronensaft angemacht, läßt sich ein wunderbarer Salat zubereiten.

Crostini ai Funghi

CROSTINI MIT PILZEN

60 g Butter
1 Knoblauchzehe, zerdrückt
4 Salbeiblätter
500 g Pilze (siehe unten), fein gehackt
2 EL Vin santo oder anderer vergleichbarer Wein (nicht zu süß)
1 EL grob gehackte glatte Petersilie
8 Scheiben Pane di campagna (Landbrot), geröstet
Salz und Pfeffer

Die Butter in einer Pfanne zerlassen, Knoblauch und Salbei etwa 2 Minuten darin andünsten. Die Pilze hinzufügen und unter Rühren garen, bis sie weich sind und der größte Teil der Flüssigkeit verdampft ist. Den Wein dazugeben, abschmecken und einige Minuten unter Rühren weiter dünsten.

Die Petersilie unterrühren und die Mischung auf dem Brot anrichten.

Steinpilze und andere Röhrenpilze wie Maronen- oder Birkenröhrlinge eignen sich für dieses Rezept am besten. Eine Alternative sind Zuchtpilze, mit einigen getrockneten Steinpilzen aromatisiert.

Zuppa di Finferli con Canederli

PFIFFERLINGSSUPPE MIT KLÖSSCHEN

150 g kleinere frisch geerntete Pfifferlinge
1 kleine Schalotte, fein gehackt
30 g Butter
1,5 l Hühnerbrühe
1 kleiner Bund Schnittlauch, in Röllchen geschnitten

Für die Klösschen:
150 g frisches weißes Knödelbrot
3 Eidotter
2 EL fein gehackte glatte Petersilie
60 g Parmesan, gerieben
1 Scheibe Südtiroler Speck, in Streifen und dann in sehr kleine Würfel geschnitten
Salz und Pfeffer

Das Knödelbrot mit Eidotter, Petersilie, Parmesan, Speck sowie etwas Salz und Pfeffer vermischen, bis eine geschmeidige Masse entsteht. Zu olivengroßen Bällchen formen.

Die Pilze gründlich säubern (siehe Seite 17), größere Exemplare halbieren. Die Schalotte in Butter andünsten, und sobald sie Farbe annimmt, die Pilze dazugeben. 5 Minuten dünsten, dann die Brühe dazugießen und zum Kochen bringen. Die Knödel in die siedende Flüssigkeit geben und 5 Minuten köcheln lassen. Mit Schnittlauchröllchen bestreut servieren.

Pfifferlinge (Cantarelli)

Tajarin al Tartufo

BANDNUDELN MIT TRÜFFEL

FÜR 8 PERSONEN
800 g frische oder getrocknete Tajarin-Pasta (dünne Bandnudeln von etwa 3 mm Breite)
½ Knoblauchzehe
125 g Butter
85 g weiße Alba-Trüffel, in hauchdünne Späne gehobelt
85 g Parmesan, gerieben
Salz

Die Nudeln in reichlich kochendem Salzwasser al dente garen. In der Zwischenzeit eine Bratpfanne mit der halbierten Knoblauchzehe ausreiben. Butter und einige Trüffelspäne in die Pfanne geben und sanft erhitzen. Die Pasta abgießen, dabei etwas Kochwasser zurückbehalten, Pasta in die Pfanne geben, gründlich umrühren und mit Salz abschmecken. Wenn die Mischung zu trocken wird, etwas Kochwasser hinzufügen. Den Parmesan unterrühren und mit den restlichen Trüffelspänen bestreut sofort servieren.

Pasta für Pilze

Pilze passen gut zu allen Sorten kleiner flacher Bandnudeln wie Tagliatini, Fettucine und Pappardelle. Am besten kommt das Pilzaroma in Kombination mit frischen Eiernudeln, vorzugsweise selbst gemachten, zur Geltung.

Je einfacher, desto besser, lautet hier die Devise. Dieses Gericht ist nicht nur schlicht und elegant, sondern schmeckt auch köstlich.

Risotto-Reis

Die besten Reissorten für Risotto sind Arborio, Baldo, Carnaroli, Vialone Nano oder Roma. Alle anderen genügen den Ansprüchen nicht. Waschen Sie den Reis auf keinen Fall, denn dadurch geht die wertvolle Stärke verloren, die den Risotto cremig macht.

Risotto ai Funghi

PILZ-RISOTTO

300 g frische Steinpilze
85 g Butter
1 große Zwiebel, in dünne Ringe geschnitten
1,75 l Hühnerbrühe
400 g Carnaroli-, Vialone-Nano- oder Arborio-Reis
60 g Parmesan, gerieben
Salz und Pfeffer

Die Pilze gründlich säubern (siehe Seite 17) und in Scheiben schneiden. In einer Pfanne die Hälfte der Butter erhitzen und Pilze und Zwiebel darin weich dünsten. Die Brühe in einem weiteren Topf zum Köcheln bringen. Den Reis zu den Zwiebeln geben und gründlich mit dem Fett verrühren. Dann die Flüssigkeit angießen: Dabei die Brühe 15 Minuten lang schöpfkellenweise unter ständigem Rühren zugeben. Wenn fast alle Brühe verbraucht ist, probiert man ein Reiskorn, um festzustellen, wie weich es ist und fügt, falls nötig, weitere Brühe hinzu. Der Reis ist fertig, wenn er außen weich ist, innen aber noch einen festen Kern hat. Dann muß er unbedingt von der Kochstelle genommen werden, da er durch die Eigenhitze noch weiter gart. Richtig gekochter Risotto ist weich, aber nicht flüssig, so daß man ihn mit der Gabel essen kann.

Den Risotto eine Minute ruhen lassen und zum Schluß ein wenig Butter und geriebenen Parmesan kräftig unterrühren, damit er cremig und glänzend, aber nicht zu fest wird. Auf vorgewärmten Tellern mit gemahlenem schwarzem Pfeffer servieren und nach Geschmack weiteren Parmesan dazu reichen.

Capretto ai Cardoncelli

ZICKLEINBRATEN MIT AUSTERNSEITLINGEN

Für 6 Personen
125 ml Olivenöl extra vergine
1 große Zwiebel, in dünne Ringe geschnitten
1 Chilischote, grob gehackt
1 Zicklein-Keule von etwa 1,5 kg, in Stücke geschnitten
500 g Austernseitlinge, gesäubert, größere Exemplare halbiert
400 g reife Kirschtomaten oder Tomatenpüree
1 Zweig Rosmarin
1 kleiner Zweig wilder Majoran
Salz, Mehl zum Bestäuben

Den Backofen auf 180° C (Gas Stufe 2) vorheizen.

Das Öl in einer Kasserolle erhitzen und Zwiebel und Chili darin anbraten, bis die Zwiebel glasig ist. Das Fleisch mit Mehl bestäuben und in der Kasserolle rundum anbräunen. Pilze daruntermischen. Bei schwacher Hitze etwa 10 Minuten dünsten, dann Tomaten, Rosmarin, Majoran und etwas Salz dazugeben. Im Backofen 45 Minuten garen.

Ein Rezept aus Apulien, wo man im Herbst überall junges Ziegenfleisch und Pilze erhält. Sie können auch Austernpilze oder Schiitake anstelle der Austernseitlinge verwenden, anstelle des Zickleins Lamm.

Fagiano al Tartufo di Norcia

TRÜFFELFASAN À LA NORCIA

Fagiano (Fasan)

Der edle Fasan kam im Mittelalter aus Asien nach Europa. Besonders beliebt war er in der Toskana, wo seine bunten Federn Tische und Platten schmückten, wenn er auf der Speisekarte stand.

In Italien läßt man Wildfasane nicht zu lange abhängen. Zuchtfasane überhaupt nicht, weil sie so zart sind. Fasane sind in Nord- und Mittelitalien beliebt, vor allem in der Toskana und Umbrien, wo ihre Zubereitung eine lange Tradition hat.

Fasane haben einen köstlichen Wildgeschmack, und ihr ziemlich dunkles Fleisch enthält kaum Fett. Sie lassen sich auf unterschiedliche Art zubereiten. Oft schmort man sie im Topf mit Wildbeeren, um ihr Aroma zu unterstreichen, oder reibt sie mit Olivenöl, Salz und Pfeffer ein und brät sie im Ofen. Manchmal, so wie hier, werden sie auch mit Trüffeln verfeinert.

2 Fasane
55 g Butter
1 kleines Glas trockener Weißwein
etwa 85 g schwarze Sommertrüffel
Salz, Pfeffer

Den Backofen auf 180° C (Gas Stufe 2) vorheizen. Die Fasane 30 Minuten braten, aber nicht völlig durchgaren. Brüste und Schenkel abtrennen und beiseite stellen. (Die Reste der Fasane können Sie zur Herstellung von Brühe verwenden.)

Die Butter in einer großen Pfanne erhitzen und Wein sowie etwas Salz und Pfeffer hinzufügen. Fasanbrüste und -schenkel 1 bis 2 Minuten darin erhitzen, bis das Fleisch gar ist.

Die Trüffel über das Fleisch hobeln und sofort servieren.

Ein edles Rezept für einen edlen Vogel. Aus der Kombination weniger Zutaten entsteht ein köstliches Gericht, das seinesgleichen sucht.

Insalata di Due Tuberi

ZWEI-KNOLLEN-SALAT

Patata (Kartoffel)

Die Kartoffel, in Nordeuropa ein Grundnahrungsmittel wie Brot in Südeuropa, spielte in der italienischen Küche nie eine bedeutende Rolle. Sie wird erst seit Mitte des vergangenen Jahrhunderts in größerem Umfang verzehrt. Ursprünglich aus Südamerika stammend, wird sie hauptsächlich in Venetien, Apulien, Kampanien und Kalabrien angebaut, wo der Boden besonders geeignet ist.

Neue oder Frühkartoffeln, patate novelle, sind klein, fest und speckig und eignen sich vorzüglich für Kartoffelsalat aus gekochten Kartoffeln, angemacht mit Olivenöl, Essig, Frühlingszwiebeln, Salz und Pfeffer.

Unter den vielen Kartoffelsorten, die in Italien angeboten werden, sind die mehligen, weißfleischigen Wintersorten Tonda di Napoli und Bianca di Como am wichtigsten. Man verwendet sie für Pürees, Gnocchi, Kroketten und als Deckschicht für schmackhafte Pasteten. Sie dienen als Bindemittel für Suppen wie Minestrone und sind eine wohlschmeckende Begleitung zu Pasta, wie bei Pasta e Patate.

600 g festkochende Kartoffeln
45 g weiße Alba-Trüffel
Olivenöl extra vergine
Salz und Pfeffer

Kartoffeln schälen und gar-, aber nicht weich kochen. In dünnen Scheiben auf einer Platte anrichten. Mit Olivenöl beträufeln, salzen und pfeffern, dann Trüffel in hauchdünnen Spänen darüber verteilen. Noch heiß servieren.

Die Kartoffel ist ein echtes Knollengewächs, während die Trüffel ein Pilz ist, der wie eine Knolle aussieht – in diesem Fall *Magnatum Pico*, weiße Alba-Trüffel. Die Kombination einer der preiswertesten mit einer der teuersten Zutaten ergibt hier ein perfektes und abgerundetes Gericht.

Ovoli in Insalata con Tartufo

SALAT AUS KAISERLINGEN UND TRÜFFEL

6 noch geschlossene Kaiserling-Hüte
45 g Parmesan am Stück
90 ml Olivenöl
Saft von ½ Zitrone
45 g Alba-Trüffel, gebürstet
Salz und Pfeffer

Mit einem Messer die Erde von den Pilzhüten entfernen und eventuell noch verbleibenden Schmutz mit einem feuchten Tuch abwischen. Die Pilze direkt auf den Tellern in dünne Scheiben schneiden, so daß ihre wunderschöne orange Farbe und die Lamellen zu sehen sind. Parmesan in dünnen Spänen darüber hobeln.

Olivenöl, Zitronensaft und etwas Salz und Pfeffer zu einer Sauce verrühren und über die Pilzscheiben gießen. Zum Schluß die Trüffel in Spänen darüber hobeln – ein wahrhaft kaiserliches Gericht, von dem schon Julius Caesar schwärmte.

Kaiserling und weiße Trüffel gibt es in Italien zwischen September und Oktober, und nur sehr gute Restaurants setzen dieses elegante, aber wunderbar einfache Gericht auf ihre Karte. Frische Steinpilze sind notfalls eine Alternative.

Orecchiette Trifolate

SAUTIERTE JUDASOHREN

400 g frische Judasohren
60 g Butter
1 kleine Knoblauchzehe, fein gehackt
1 kleine Chilischote, fein gehackt
125 ml Hühnerbrühe
2 EL grob gehackte glatte Petersilie
Salz

Die Pilze gründlich säubern (siehe Seite 17), größere Exemplare halbieren. Die Butter in einer Pfanne mit Knoblauch und Chili zerlassen, dann die Pilze zugeben. Unter Rühren etwa 1 Minute anbraten, danach die Brühe angießen und etwa 15 Minuten köcheln lassen, bis der größte Teil der Flüssigkeit verdunstet ist. Petersilie und etwas Salz unterrühren. Entweder als Vorspeise oder als Beilage zu Geflügel, Fleisch oder Wild servieren.

Kaiserlinge (Ovoli)

Funghi in Tegame

GEDÜNSTETE WALDPILZE

In Tegame

In Tegame, abgeleitet von dem Kochtopf gleichen Namens (er ähnelt einer Auflaufform), bezeichnet jedes Gericht, das in Butter und Öl, mit Knoblauch, Chili und Petersilie gedünstet wurde.

800 g gemischte Waldpilze, z. B. Steinpilze, Pfifferlinge, Herbsttrompeten, Maronenröhrlinge, Schopftintlinge, Austernpilze
45 g Butter
2 EL Olivenöl extra vergine
1 Knoblauchzehe, fein gehackt
1 kleine Chilischote, fein gehackt
2 EL grob gehackte glatte Petersilie
Salz

Die Pilze mit einer kleinen, weichen Bürste säubern – waschen oder häuten Sie sie nur, wenn es unbedingt notwendig ist – und in mundgerechte Stücke schneiden.

Butter und Öl in einer großen Bratpfanne erhitzen und Knoblauch und Chili darin kurz andünsten. Die Pilze dazugeben und bei starker Hitze unter Rühren braten. Sobald sie anfangen, weich zu werden, salzen, mit Petersilie bestreuen und sofort servieren.

Für dieses Gericht können Sie jede Art von Waldpilzen verwenden. Ich nehme manchmal zehn verschiedene – das Ergebnis ist wegen der intensiven Geschmacksmischung großartig. Servieren Sie die gedünsteten Pilze als Vorspeise, mit Rührei oder als Beilage zu Fleisch oder Geflügel.

Porcini sott'Olio

STEINPILZE IN ÖL

Porcini (Steinpilze) in Öl

Die Kunst, Pilze einzulegen, so daß sie auch außerhalb der Saison gegessen werden können, ist in Italien sehr verbreitet. Fast jede Familie macht zumindest ein Glas für große Anlässe, wie Weihnachten, ein. Die Pilze werden als Antipasto serviert, und niemand stört sich am Essiggeschmack, der einen großen Teil des ursprünglichen Pilzaromas nimmt. Ich muß darauf hinweisen, daß beim häuslichen Einmachen von Pilzen größtmögliche Hygiene geboten ist, um die Entwicklung des äußerst schädlichen Bakteriums Botulinus zu verhindern, das sich in jedem nicht durchgekochten oder falsch eingemachten Lebensmittel entwickeln kann. Essig und Salz konservieren optimal, und ich habe für dieses Rezept beides zusammen verwendet, um eine perfekte Konservierung zu gewährleisten. Doch das Einwecken in der häuslichen Küche unterliegt verschiedenen Unwägbarkeiten, und deshalb kann ich für Zwischenfälle keine Verantwortung übernehmen. Aber meine Freunde und ich sind noch am Leben, um uns weiterhin an Pilzgerichten zu erfreuen!

FÜR ZWEI 1/2-LITER-GLÄSER

1,5 kg sehr frische, junge, feste Steinpilze
2 l guter Weißweinessig (6%)
1 l Wasser
60 g Salz
10 frische Lorbeerblätter
10 Gewürznelken
20 schwarze Pfefferkörner
1 Chilischote
gutes Olivenöl (nicht kaltgepreßt) zum Auffüllen

Zwei Weckgläser (à 1/2 Liter) gründlich auswaschen und bei niedriger Hitze im Backofen trocknen lassen. Die Pilze gründlich säubern, dabei beschädigte Stellen entfernen (siehe Seite 17) und aufschneiden, um sie auf Maden zu untersuchen. Große Exemplare halbieren, damit alle etwa gleich groß sind.

Essig, Wasser, Salz, Lorbeerblätter, Nelken, Pfefferkörner und Chili in einem Topf zum Kochen bringen, die Pilze hineingeben und etwa 20 Minuten kochen lassen, von dem Augenblick an gerechnet, wo die Flüssigkeit wieder zu sieden beginnt, dann abgießen. Die Pilze auf ein ganz sauberes Küchenhandtuch geben, ohne sie dabei mit den Händen zu berühren. Die Pilze (ohne Lorbeerblätter und andere Gewürze) mit einem sterilisierten Löffel in die sterilen Gläser geben, so daß diese dicht gefüllt sind, ohne daß die Pilze gequetscht werden. So viel Olivenöl hineingießen, daß es etwa 1 cm hoch über den Pilzen steht; vergewissern Sie sich dabei, daß wirklich jeder Pilz ganz mit Öl bedeckt ist. Die Gefäße fest verschließen. Die Pilze halten sich etwa einen Monat, sollten nach dem Öffnen jedoch im Kühlschrank aufbewahrt werden und immer mit Öl bedeckt sein.

Finferli al Liquore

SÜSSE PFIFFERLINGE IN APRIKOSENLIKÖR

FÜR EIN 1/2-LITER-GLAS
1 l süßer Wermut
1 kleines Stück Zimtstange
1 Prise Salz
2 EL feiner Zucker
1 kg frische Pfifferlinge, gesäubert (siehe Seite 17)
Aprikosenlikör zum Auffüllen

Den Wermut mit Zimt, Salz und Zucker in einem Topf zum Kochen bringen, die Pilze hineingeben und mit einem Holzlöffel tief in die Flüssigkeit tauchen. Etwa 15 Minuten – je nach Größe auch länger – kochen, bis sie auch in der Mitte gar sind.
Die Flüssigkeit abgießen (der Wermut muß leider weggeschüttet werden). Die Pilze auf einem sauberen Geschirrtuch ausbreiten und trocknen lassen. Vermeiden Sie es möglichst, sie mit den Händen anzufassen, um keine Bakterien zu übertragen. Mit einem sterilisierten Löffel in ein steriles Gefäß geben und vorsichtig zusammendrücken. So viel Aprikosenlikör darüber gießen, bis die Pilze völlig bedeckt sind, danach das Gefäß luftdicht verschließen.

Wenn das Gefäß einmal geöffnet wurde, muß es im Kühlschrank aufbewahrt werden, wobei die Pilze immer mit Likör bedeckt bleiben müssen. Die Pilze einzeln zum Garnieren von Süßspeisen verwenden.

Süße Pilze

Süße Pilze sind eine äußerst schmackhafte und ungewöhnliche Dekoration für Panna cotta, Tiramisù oder andere sahnige Desserts. Auch als Snack zwischendurch sind sie jederzeit köstlich – und der aromatisierte Aprikosenlikör ist fast ein Gesundheitstonikum.

Dieses Rezept wendet sich an alle Pilz-Liebhaber, die Pilze am liebsten auch als Nachspeise essen – ich zähle mich mit großem Vergnügen dazu!

Pilze von A–Z

Echter Reizker

Amanita

Dies ist die berühmteste Pilzfamilie, die eine breite Palette von Pilzen einschließt. Sie reicht vom köstlichen Kaiserling (*Amanita caesarea*, siehe Seite 54) bis hin zu äußerst giftigen Vertretern, darunter der Grüne Knollenblätterpilz (*A. phalloides*), der Spitzhütige Knollenblätterpilz (*A. virosa*), Pantherpilz (*A. pantherina*) und Kegelhütiger Knollenblätterpilz (*A. verna*). Sie alle sind Giftpilze, für die es kein Gegenmittel gibt. Zu ihnen gehört auch der hübsche Fliegenpilz (*A. muscaria*), der einen roten Hut mit weißen Punkten trägt und für halluzinogen gehalten wird, aber auch tödlich wirken kann.

Austernpilz/Austernseitling/
Cardoncello, Cardarello, Fungo di Fèrola (*Pleurotus fuscus*)

Dieser ungewöhnlich beliebte Pilz wächst nur in Süditalien wild, hauptsächlich in der Basilikata und in Apulien. Man findet ihn in Höhen von bis zu 2000 m, bevorzugt an Standorten, die mit den abgefallenen Nadeln der Schirmkiefer bedeckt sind. Er gedeiht in dichten Büscheln auf dicken Baumstümpfen oder auf fauligem, erdbedecktem Holz. Dieses Mitglied der *Pleurotus*-Familie ist unregelmäßig geformt. Unter seinem fleischigen, hellbrauen bis grauen Hut sitzen weit auseinanderstehende weiße Lamellen, die bis zum Stielansatz hinablaufen.

Wie andere Austernpilze wird auch er kommerziell gezüchtet. Man füllt Säcke mit Holzspänen, impft diese mit den Sporen des Pilzes und lagert sie in Räumen mit kontrollierter Temperatur und Feuchtigkeit. Die Zuchtpilze unterscheiden sich kaum von den wild wachsenden, da ihr Vorzug allgemein weniger in Duft und Geschmack liegt als vielmehr in ihrem festen, dicken Fleisch und ihrer knackigen Konsistenz.

Diese Konsistenz ist auch der Grund, weshalb der *Cardoncello* sich so gut konservieren läßt. Die Apulier kochen ihn in Essig, grillen ihn *alla brace* (auf Holzkohlen) und legen ihn dann mit kaltgepreßtem apulischem Olivenöl, Knoblauch, Petersilie und Chili in Gläsern ein. Eine weitere beliebte Zubereitungsform ist, sie mit frischen Semmelbröseln, Petersilie, Salz und Pfeffer bestreut und mit reichlich Olivenöl beträufelt eine halbe Stunde im mittelheißen Backofen zu backen.

Austernpilz/Austernseitling/
Pleuroto, Gelone, Fungo Ostrica (*Pleurotus ostreatus*)

Dieser Pilz wird heute kommerziell gezüchtet und das ganze Jahr über hygienisch in Kunststoff verpackt in Supermärkten angeboten. Sein natürlicher Lebensraum jedoch sieht ganz anders aus. Er gedeiht auf umgestürzten, verrottenden Baumstämmen und -stümpfen, die ihm ein herrliches Aroma und einen wesentlich kräftigeren Geschmack verleihen (siehe Abb. Seite 56).

Wie der *Cardoncello* gehört auch er zur *Pleurotus*-Familie, deren häufigster Vertreter er ist. Seine Bezeichnung erhielt er, weil er wie eine Auster aussieht. Er sitzt auf Buchen und Ulmen – die er auch zerstören kann –, wo er zahllose Bretter bildet. Unter günstigen Feuchtigkeits- und Wärmebedingungen gedeiht er das ganze Jahr hindurch, sogar im Winter, wenn das Wetter mild ist. Austernpilze sind flach und haben einen kurzen seitlichen Stiel, mit dem sie sich am Baum festhalten. Ihre Stiele sind gleichermaßen begehrt wie die Hüte. Ihre Farbe schwankt zwischen einem dunklen, fast bläulichen Grau und Hellgrau.

Es gibt auch eine Sorte mit der Bezeichnung *cornucopioide* (füllhornartig), die trichterförmig und weißlich gefärbt ist. Die Lamellen unter dem flachen Hut sind hellgrau mit einem Stich ins Gelbliche oder Cremefarbige.

Der Austernpilz schmeckt hervorragend, wenn man ihn in geschlagenem Ei und Semmelbröseln wendet und fritiert. Man kann ihn auch mit Olivenöl bestreichen und auf Holzkohle grillen oder *trifolato* mit Knoblauch, Chili, Petersilie und Zitronensaft kurz in Olivenöl braten und dann als Salat servieren. Er läßt sich auf unterschiedliche Art konservieren, z. B. in Essig einlegen oder tiefkühlen.

BRISA, BULE → SIEHE STEINPILZ/PORCINO

BUTTERPILZ/BOLETO GIALLO, PINAIOLO (*Boletus luteus, Suillus luteus*)
Selbst bei trockenem Wetter ist die Haut dieses Pilzes klebrig und feucht. Er gehört ebenfalls zur Familie der Röhrenpilze und gedeiht von Frühjahr bis Herbst vor allem in Kiefernwäldern reichlich und in großen Gruppen. Die feuchte Haut ist braunviolett und sollte vor der Zubereitung entfernt werden. Der Hut hat einen Durchmesser von etwa 12 cm und auf der Unterseite gelbe Röhren. Der runde Stiel, der 8 bis 10 cm hoch und von heller Farbe ist, trägt einen Ring aus den Resten der Hülle. Der Butterpilz kann genauso zubereitet werden wie der Goldröhrling, aber auch gebraten und in Suppen schmeckt er hervorragend.

CEPPATELLO → SIEHE STEINPILZ/PORCINO

COCCO → SIEHE KAISERLING/AMANITA CESAREA

COLOMBINA MAGGIORE/ RUSSOLA VERDE, (*R. cyanoxantha*)
Diesen ausgesprochen hübschen Pilz gibt es buchstäblich in Hunderten von Varietäten. Er hat ebensoviele Farben und wird deshalb leicht mit anderen sowohl giftigen als auch eßbaren Pilzen verwechselt. Selbst Experten fällt es oft schwer, sie zu unterscheiden. Deshalb rate ich davon ab, ihn selbst zu sammeln, es sei denn, Sie haben einen echten Fachmann dabei.

Colombina maggiore ist ein zarter Pilz mit rotem, gelbem, grünem und sogar hellblauem oder purpurrotem Hut. Er wächst gewöhnlich im August und September in Laubwäldern. Die Feldvarietät ist meist weiß und hat einen geraden, hohlen Stiel, der weiß, gelb oder hellrosa sein kann. Zubereitet wird er wie der Echte Reizker.

ECHTER REIZKER, EDELREIZKER/ AGARICO DELIZIOSO (*Lactarius deliciosus*)
Der Echte Reizker ist einer der schönsten Blätterpilze und gehört zur Unterart *Lactarius*, was bedeutet, daß er eine gelbliche, milchige Substanz absondert, wenn man ihn anschneidet oder zerbricht. Er wird etwa 4 bis 6 cm hoch und hat einen ziemlich dicken, fleischigen, orangefarbenen bis grünlichen Hut, der in der Mitte eine Vertiefung hat und ein Muster aus konzentrischen Kreisen trägt (siehe Abb. Seite 50). Der Rand des Hutes ist nach innen eingerollt, die Lamellen auf der Unterseite stehen ziemlich eng zusammen und sind safrangelb, ebenso der gerade, hohle Stiel. Wegen der rötlichen Färbung seiner Milch heißt der Echte Reizker in Kalabrien *sanguinello* oder *fungo-sanguino* (Blutpilz).

Das ausgesprochen köstliche Fleisch schmeckt nussig und ein wenig harzig. Achten Sie beim Einkauf oder Sammeln darauf, daß der Pilz frei von Maden ist. Zu diesem Zweck schneiden Sie ihn einfach entzwei. Er muß gut durchgekocht werden, weil er sonst unverdaulich ist. Er eignet sich nicht zum Trocknen, läßt sich aber einfrieren. Am besten schmeckt er mit etwas Knoblauch, Petersilie und Chilischote in Olivenöl gebraten.

Unglücklicherweise wird der Echte Reizker oft mit dem giftigen Birkenreizker (*Lactarius torminosus*) verwechselt, der ihm zwar in der Form ähnelt, aber weiße Lamellen und einen weißen Stiel hat und eine weiße Milch ausscheidet. Auch seine Oberfläche ist anders, nämlich haarig anstatt glatt. Er gedeiht im Spätsommer und Frühherbst in ganz Italien einzeln oder in kleinen Gruppen unter Kiefern und im Gras.

ELATA → SIEHE SPUGNOLA

FAMIGLIOLA BUONA → SIEHE HALLIMASCH/CHIODINO

FINFERLO → SIEHE PFIFFERLING/CANTARELLO

FUNGO DI FÈROLA → SIEHE AUSTERNPILZ/CARDONCELLO

FUNGO IMPERIALE → SIEHE KAISERLING/AMANITA CESAREA

FUNGO OSTRICA → SIEHE AUSTERNPILZ/PLEUROTO

GALLETTO, GALLINACCIO, GARITULA → SIEHE PFIFFERLING/CANTARELLO

GELONE → SIEHE AUSTERNSEITLING/ PLEUROTO

GEORGSPILZ, MAIRITTERLING/ PRUGNOLO (*Lyophyllum georgii, Tricholoma gambosum*)

Dies ist einer der frühesten Pilze. Er heißt Georgspilz, weil er gewöhnlich um den Sankt-Georgs-Tag am 23. April zum ersten Mal erscheint. Er gedeiht hauptsächlich auf den Hängen der Nordalpen und auf alten Weiden, die mehrere Jahre nicht kultiviert wurden. Er ist ein ausgezeichneter Pilz, den man in großen Mengen finden kann. Dabei dehnt sich das Mycel unter der Erde kreisförmig aus, wobei es seinen Durchmesser jährlich vergrößert, dessen Rand ein dichter Ring von Pilzen, der sogenannte Hexenring, markiert.

Sein zweiter Name, *Tricholoma gambosum*, bezieht sich auf seinen festen, dicken Stiel, der nach oben hin dünner wird und einen gedrungenen Hut trägt. Dieser ist weißlich und hat ein festes Fleisch mit leicht blumigem Duft und sehr zartem Aroma.

Wenn Sie Georgspilze sammeln wollen, halten Sie Ausschau nach dunkelgrünen Ringen, die man schon von weitem erkennen kann. Sie sind ein Hinweis, daß sich Pilze im Gras verbergen. Der Georgspilz ist vor allem in Norditalien beliebt. Köstlich schmeckt er mit Knoblauch und gehackter Petersilie in Butter gebraten, in Tomatensauce zu Pasta oder blanchiert, mit Olivenöl extra vergine und Zitronen- oder Pflaumenessig angemacht, als Salat.

GIALETTO → SIEHE CANTARELLO

GIALLA → SIEHE SPUGNOLA

GOLDRÖHRLING/BOLETO ELEGANTE, LARICINO (*Boletus elegans, Suillus grevillei*)

Obwohl er den anderen Röhrenpilzen ähnelt, sieht der Goldröhrling, wie schon sein Name sagt, viel besser aus, als er schmeckt. Er gehört zwar nicht zu den begehrtesten Pilzen, hat aber seine Vorzüge, von denen sein reichliches Vorkommen nicht der geringste ist. Man findet ihn von Sommer bis Herbst hauptsächlich unter Lärchen und Kiefern auf Böden, die frei von Brombeer- und ähnlichem Gestrüpp sind. Er ist unter allen Witterungsbedingungen immer ein wenig feucht. Voll entwickelte Exemplare sollte man jedoch nicht nach Regenfällen sammeln, weil sie sich dann mit Wasser vollgesogen haben.

Der gelborange Hut erreicht einen Durchmesser von 15 cm, der Stiel wird 12 bis 15 cm hoch. Der Ring um den Stiel ist der Rest seiner Hülle, die Röhren unter dem Hut sind leuchtend gelb. Der Goldröhrling ist leicht mit einigen Varietäten des stark giftigen *Cortinarius* zu verwechseln. Nehmen Sie zum Sammeln also möglichst einen Pilzexperten mit. Der Goldröhrling gedeiht in Alpen und Apennin an Stellen, wo Weideland an Lärchen- und Kiefernwälder stößt. Auf den Ebenen von Sila in Kalabrien kommt er besonders häufig vor.

Eigentlich sollten Pilze nicht zu lange gekocht werden, aber ein Rezept von Rosetta, einer Waldhüterin, belehrte mich eines Besseren. Sie schälte die Pilze, entfernte die klebrige Haut, hackte sie und briet sie dann eine halbe Stunde mit Knoblauch, Chili und Petersilie in Olivenöl, bis sämtliche Flüssigkeit verdampft war – einfach köstlich.

HALLIMASCH, HONIGPILZ/ CHIODINO, FAMIGLIOLA BUONA (*Armillaria mellea*)

Im Herbst kann man diesen Pilz preiswert auf jedem italienischen Markt kaufen. Förster und Obstgartenbesitzer fürchten ihn sehr, weil er als Parasit nicht nur von fauligem Holz lebt, sondern auch vom Saft lebender Bäume und so schwere Waldschäden verursacht.

Seine italienische Bezeichnung *Chiodino* (Nägelchen) bezieht sich auf seine Form, *Famigliola* (kleine Familie) auf die Tatsache, daß er in dichten Büscheln wächst. Der lateinische Name *mellea* (Honigpilz) weist auf seinen Geschmack hin.

Die kleinen Pilzhüte wachsen eng zusammengedrängt auf sehr langen Stielen. Anfangs sind sie rund und honiggelb mit einem schwarzen Fleck in der Mitte, die Lamellen zunächst weiß, färben sich jedoch beim Öffnen des Hutes hellbraun. Man sammelt die Pilze am besten, wenn die Hüte noch geschlossen sind, da sie später leicht abbrechen.

Hallimasch findet man immer in großen Mengen. Einst benötigte ich zusammen mit einem Freund nur wenige Stunden, um rund 150 kg vom Stumpf einer riesigen Buche zu sammeln, auf einer Fläche von nicht mehr als 3 bis 4 m². In dieser Masse hinterließ er jedoch einen sehr unangenehmen Geruch in meinem Wagen. Verwechseln Sie ihn bitte nicht mit dem sehr ähnlichen, aber hochgiftigen Pilz *Hypholoma fasciculare*, der unter den gleichen Bedingungen wie der Hallimasch, oft sogar direkt daneben gedeiht. Man kann ihn jedoch sehr gut an seiner schwefelgelben Farbe und den grünlichen bis dunkelbraunen Lamellen erkennen.

Der Hallimasch ist nur gekocht genießbar – roh ist er ebenfalls giftig. Trotzdem ist er ein ausgezeichneter, vielseitiger Pilz, der sich mit ein paar Gewürzen hervorragend in Essig oder Olivenöl einlegen läßt. Man kann ihn sogar einfrieren, muß ihn zuvor jedoch gründlich säubern und darf nur ein Drittel des Stiels am Hut lassen.

Kochen Sie den Hallimasch vor der weiteren Zubereitung ein paar Minuten in Salzwasser und gießen Sie es weg, da es möglicherweise noch Giftstoffe enthält. Man kann ihn in Tomatensaucen für Polenta geben, einen köstlichen Risotto daraus zubereiten oder ihn als Würzmittel für Pastagerichte verwenden. Ich esse die blanchierten Pilze am liebsten mit Knoblauch und Chili in Olivenöl gebraten und dann mit Zitronensaft, Salz und Pfeffer angemacht als kalten Salat.

HEIDEROTKAPPE, BIRKENPILZ/ PORCINELLO ROSSO, PORCINELLO GRIGIO (*Leccinum versipelle, Leccinum scabrum*)

Die Heiderotkappe (*Leccinum versipelle*) gehört zur Boletus-Familie und wächst von Juli bis Frühherbst bevorzugt unter Birken. Es gibt ein paar ähnliche Sorten, die alle eßbar sind, aber unterschiedliche Farben tragen und unter Koniferen oder Eichen gedeihen. Alle Mitglieder dieser Familie sind dick und faserig und haben weiße, mit schwarzbraunen Schuppen bedeckte Stiele. Die Hüte sind orangerot außer bei einem Familienmitglied, dem *Porcinello grigio* (Birkenpilz, *Leccinum scabrum*), dessen Hut von dunklerem Graubraun ist. Er ist nicht so fest und wohlschmeckend wie die Heiderotkappe.

Vor allem, wenn er direkt auf dem Boden um die Wurzeln eines Baumes wächst, sieht der junge *Porcinello rosso* wie ein Phallus aus. Sein Stiel hat einen Durchmesser von 5 cm und eine Höhe von bis zu 20 cm mit weißer, schuppiger Oberfläche. Darauf sitzt ein runder, fester, leuchtend roter Hut. Dieser entwickelt sich später zu einer großen, dicken, runden Scheibe von 20 cm Durchmesser mit sehr kompakten dunkelgrauen Röhren, die mit der Zeit verblassen.

Die Heiderotkappe ist wegen ihres sehr festen Fleisches äußerst gesucht. Obwohl das Fleisch sich beim Anschneiden bläulichrosa verfärbt und beim Kochen schwarz wird, ist es eßbar und wunderbar bißfest. Die Heiderotkappe wird besonders in Norditalien geschätzt, wo sie reichlich in den Wäldern an den Hängen der Voralpentäler vorkommt. Man betrachtet sie, wie den Steinpilz, als kulinarischen Hochgenuß, obwohl man sie nicht roh essen kann.

JUDASOHR/ORECCHIETTA (*Auricularia auricula, A. judae*)

Dieser Pilz erhielt seinen deutschen Namen u. a., weil er meist auf älteren Holunderbäumen wächst und Judas Ischariot sich an einem Holunderbaum erhängt haben soll. Wie die italienische Bezeichnung bezieht er sich auch auf die Form des Pilzes, der wie ein menschliches Ohr aussieht. Er ist braun, außen samtig und innen glänzend und gedeiht das ganze Jahr hindurch, sogar im Winter, wenn das Wetter mild und feucht ist, in Gruppen übereinander (siehe Abb. Seite 56). Er hat weder Röhren noch Lamellen, sondern produziert seine

Sporen im Inneren und vermehrt sich auf der nassen Baumrinde.

In China, wo er aufgrund seiner gallertartigen Konsistenz eine wichtige Rolle in vielen Wok-Gerichten spielt, ist er sehr begehrt. In Italien wird er selten verwendet, außer in der *Trifolato*-Zubereitung, das heißt mit Knoblauch, Chili und Petersilie in Öl oder Butter gebraten. Dies sollte nur bei schwacher Hitze erfolgen, da sich im Inneren des Pilzes heißer Dampf sammelt, der explodieren und Sie mit heißem Fett bespritzen kann.

In meinem Restaurant habe ich Judasohren mit großem Erfolg zusammen mit Hallimasch in Butter, Fleischbrühe und Weinbrand gekocht und als Sauce zu gedünstetem Heilbutt serviert. Wenn Sie einmal viele Judasohren gesammelt haben, können Sie den Überschuß trocknen und für später aufbewahren. Vor der Verwendung in Wasser quellen lassen, bis sie ihre alte Größe erreicht haben. Man kann sie auch getrocknet in asiatischen Lebensmittelgeschäften kaufen.

KAISERLING/AMANITA CESAREA, COCCO, FUNGO IMPERIALE, OVOLO (*Amanita caesarea*)
Der Kaiserling erhielt seinen Namen nach dem römischen Imperator Caesar, der ihn sehr gerne aß. In Italien gehört er zu den begehrtesten Pilzen, der wahrscheinlich sogar den äußerst beliebten Steinpilz an Köstlichkeit und Schönheit übertrifft. Er gedeiht in sehr warmen, trockenen Regionen, vor allem in Süditalien unter Eichen und Kastanien, ist aber besonders in Norditalien beliebt, wo man ihn in Spezialgeschäften kaufen kann.

Der Kaiserling wird bis zu 8,5 cm hoch und hat einen leuchtend orangefarbenen Hut mit einem Durchmesser von bis zu 20 cm; Lamellen und Fleisch sind von etwas hellerem Orange. Beim Heranwachsen ähnelt er einem dicken, weißen Ei, aus dem das orangefarbene »Eigelb« hervorbricht, daher sein italienischer Name *ovolo* oder *cocco* (Ei). Achten Sie beim Sammeln darauf, den richtigen Pilz zu erwischen, da er klein und unentwickelt anderen, äußerst giftigen Vertretern derselben Familie ähnlich sieht (siehe *Amanita*).

Die Italiener lieben diesen Pilz roh und in dünne Scheiben gehobelt zusammen mit Trüffelscheiben in Salaten, die mit Olivenöl extra vergine und einigen Tropfen Zitronensaft angemacht werden.

KRAUSE GLUCKE/ARRICCIATA (*Sparassis crispa*)
Die Krause Glucke sieht überhaupt nicht wie ein Pilz aus. Sie wächst im Herbst am Fuße alter Kiefern, erreicht einen Durchmesser von über 50 cm und wiegt mehrere Kilo. Sie entwickelt sich aus einem dicken, kurzen, am Fuße des Baumes verborgenen Strunk zu mehreren eng zusammensitzenden Zweigen mit kleinen, cremefarbenen Lappen an den Enden, so daß sie wie ein riesiger Blumenkohl oder wie ein riesiges Gehirn aussieht. Da sie nicht sehr häufig vorkommt, wird sie in Italien selten angeboten, außer auf regionalen Märkten beispielsweise in Trient, wo es im Herbst bis zu 60 verschiedene Pilzsorten gibt.

Die Krause Glucke muß sehr sorgfältig gesäubert werden. Große Exemplare sollte man in Stücke schneiden und auf Insekten, Kiefernnadeln und Steinchen untersuchen. Wenn sie an einem sandigen Ort gestanden hat, muß man sie waschen. Vor der weiteren Zubereitung kurz in kochendem Salzwasser blanchieren. Dann kann man sie in Butter braten, in kleine Stückchen schneiden und zusammen mit einer Mischung anderer Pilze zubereiten oder in geschlagenem Ei wenden und fritieren. Man kann sie aber auch in Würfel schneiden, mit kleinen Hühnerfleischstücken auf Spieße ziehen und grillen.

LARICINO → SIEHE GOLDRÖHRLING/BOLETO ELEGANTE

LEBERPILZ, OCHSENZUNGE

LEBERPILZ, OCHSENZUNGE/ LINGUA DI BUE (*Fistulina hepatica*)
Jedes Land benennt diesen Pilz nach seinem Aussehen. So bedeutet sein lateinischer Name »Leberpilz«, sein italienischer »Ochsenzunge«, und in Deutschland trägt er sogar beide Bezeichnungen. Er gilt allgemein als »Fleisch des armen Mannes«.

Er gehört zur Familie der Löcherpilze oder Porlinge, das heißt, seine Unterseite wird aus einer riesigen Anzahl von Poren gebildet. Er wächst wie eine Konsole oder ein Brett an alten Eichen oder Kastanien (siehe Abb. Seite 54). Obwohl er sich von den Bäumen ernährt, sondert er zumindest an Eichen eine harzige Flüssigkeit ab, die dem Holz eine rötliche Farbe verleiht, so daß es von der Möbelindustrie sehr begehrt ist.

Er gedeiht von Spätsommer bis Frühherbst und erreicht einen Durchmesser von 25 bis 30 cm. Sein Fleisch ist fest, saftig und sehr kompakt; manche Exemplare erreichen ein Gewicht von 2 kg. Die Oberfläche des Hutes ist dunkelrot und klebrig, die Unterseite rosig. Wenn man ihn anschneidet, sondert er einen blutähnlichen Saft ab, der jede Sauce färbt, in der man ihn kocht.

Man nimmt am besten junge Leberpilze, säubert sie gründlich (meist sind sie madenfrei) und schneidet sie in dünne Scheiben. Eine Pfanne mit einer halben Knoblauchzehe ausreiben, etwas Butter und Öl hineingeben und bei mäßiger Hitze zerlassen. Den Leberpilz hinzufügen und 5 Minuten braten, dann einige Löffel Crème double dazugeben und mit ein wenig Salz und fein gehacktem frischen Dill abschmecken.

PARASOL, RIESENSCHIRMLING

LEPIOTA BRUNA → SIEHE PARASOL/MAZZA DI TAMBURO

LOFFA → SIEHE RIESENBOVIST/VESCIA MAGGIORE

MARONENRÖHRLING/ BOLETO BAIO (*Boletus badius, Xerocomus*)
Viele Italiener bezweifeln zu Unrecht, daß dieser Röhrenpilz genießbar ist, weil sich sein Fleisch beim Anschneiden durch den Kontakt mit der Luft bläulich verfärbt. Manchmal wird er auch mit anderen Röhrenpilzen verwechselt, von denen einige eßbar, andere giftig sind, und gelegentlich sogar für einen Steinpilz gehalten. Man kann ihn jedoch anhand seines Fundorts identifizieren, denn er gedeiht im Sommer und Herbst in Nord- und Mittelitalien unter Buchen und Kiefern, wenn dort Gras und Moos wachsen. Seine Oberfläche, die in trockenem Zustand wie brauner Samt oder Leder aussieht, wird bei Nässe glitschig und klebrig. Er kommt in großen Gruppen vor, so daß man, wenn man erst einmal einen gefunden hat, gleich eine ganze Menge nach Hause tragen kann.

Sein Hut, der einen Durchmesser von 15 cm erreicht, ist in der Jugend fest und fleischig und wird im Alter schwammig. Die unentwickelten Röhren sitzen eng aneinander und sind cremeweiß, färben sich jedoch mit zunehmendem Alter über Hell- nach Dunkelgrün. Der ziemlich feste, eßbare Stiel ist hellbraun gestreift und kann bis zu 12 cm hoch werden.

Man sollte madige Exemplare gleich wegwerfen und möglichst nur perfekte Exemplare sammeln und essen. Sie lassen sich gut trocknen, sollten jedoch vorher in Scheiben geschnitten werden. Obwohl sie nicht das intensive Aroma der Steinpilze haben, eignen sie sich gut zum Abschmecken von Saucen oder Suppen. Junge Maronenröhrlinge lassen sich gut einfrieren oder in Essig einlegen. Man kann sie auch pürieren, in geschlagenem Ei

JUDASOHR

und Semmelbröseln wenden oder unpaniert in Butter oder Öl braten. Erkundigen Sie sich beim Einkauf unbedingt, woher die Maronenröhrlinge kommen, weil sie Umweltverschmutzung und radioaktive Niederschläge – vor allem radioaktives Strontium – bereitwilliger aufnehmen als alle anderen Pilze.

MORCHEL/SPUGNOLA, ELATA, GIALLA (*Morchella conica, M. esculenta*)

Die Morchel ist ein vornehmer Pilz. Professionelle Küchenchefs und Feinschmecker schätzen sie mehr als die Hausfrau. Die einzige Ausnahme bildet hier die Emilia-Romagna, wo sie allseits beliebt ist. Einer der Gründe, weshalb man sich über ihre Herkunft nicht sicher ist, könnte der Umstand sein, daß sie zu einer Pilzfamilie gehört, die auch giftige Sorten einschließt. Zwei sind in rohem Zustand giftig, gekocht aber völlig ungefährlich.

Wegen ihrer interessanten schwammähnlichen Konsistenz und ihres ungewöhnlichen Geschmacks ist die Morchel hoch geschätzt, vor allem in Frankreich. Die erste der drei Varietäten, *Morchella conica*, die Spitzmorchel, mit ihrem kleinen, kegelförmigen Hut aus dunkelbraunem, waben- oder schwammähnlichen Fleisch, ist zwischen 5 und 15 cm groß, hat einen weißen Stiel und wächst in gemischtem Gestrüpp oder auf Hügeln in der Nähe von Kiefernwäldern, wo der Boden ziemlich kühl ist. Die Sporen bilden sich, wie bei allen Mitgliedern der Familie, in den Kammern, die *asci* heißen.

Die zweite ist die *M. esculenta*, die Speisemorchel, die der *conica* sehr ähnlich sieht, außer daß der Hut ein wenig heller und deshalb bei Köchen beliebter ist als ihre dunklere Schwester. Das dritte Familienmitglied ist die giftige *Gyromitra esculenta*, die sich von den anderen beiden durch ihren unregelmäßig geformten dunkelbraunen Hut unterscheidet. Da sich alle drei Morcheln so ähnlich sehen, lassen Sie sich unbedingt von einem Fachmann beraten, damit Sie nicht die giftigen sammeln. Wenn Sie Morcheln jedoch kaufen, können Sie sicher sein, die richtige Ware zu bekommen (siehe Abb. Seite 60).

Da Morcheln hohl sind, sammeln sich in ihrem Inneren manchmal Steine, Sand oder Kiefernnadeln. Sie müssen daher besonders gründlich geputzt werden. Am besten blanchiert man sie eine Minute lang, da dadurch nicht nur der Schmutz, sondern auch alle latenten Giftstoffe ausgeschwemmt werden. Sie eignen sich hervorragend zum Füllen, schmecken aber auch köstlich in Pastasaucen, Risotti, Rühreiern und als Beilage zu Wild und Geflügel. Sie lassen sich außerdem sehr gut trocknen und nehmen nach dem Quellen in Wasser ihre ursprüngliche Form und Größe wieder an.

OVOLO → SIEHE KAISERLING/AMANITA CESAREA

AUSTERNPILZ, AUSTERNSEITLING

PARASOL, RIESENSCHIRMLING/ MAZZA DI TAMBURO, LEPIOTA BRUNA (*Lepiota procera*)
Der italienische Name, »Trommelstock«, bezieht sich auf das Aussehen des noch unentwickelten Pilzes mit seinem runden Hut auf einem langen Stiel. Wenn er ausgewachsen ist, kann der Hut einen Durchmesser von 20 cm erreichen; daher die Namen Parasol (Sonnenschirm) oder Riesenschirmling.

Mazza di tamburo, der zur Lepiota-Familie gehört, hat sehr breite, cremefarbene Lamellen, die sich mit zunehmendem Alter rosa färben. Der Hut ist oval oder rund, der dünne Stiel bräunlich. Wenn der Pilz heranwächst und der Hut sich öffnet, löst sich die wollige Haut in Schuppen von der Oberfläche und hinterläßt weiße Tupfen auf dem braunen Untergrund (siehe Abb. Seite 55). Der Parasol gedeiht von Spätsommer bis Herbst in großen Mengen – einzeln oder in Gruppen unter Kiefern, auf waldnahen Feldern und manchmal auf großen Rasenflächen. Es gibt einen ähnlichen, aber wesentlich kleineren Pilz, der giftig ist – seien Sie also vorsichtig beim Sammeln!

Bevor man den Parasol in Scheiben schneidet und brät oder auf andere Weise zubereitet, muß man ihn sorgfältig auf Maden untersuchen. Eines der besten Rezepte stammt aus Venetien, wo dieser Pilz besonders beliebt ist. Ein Ei mit ein wenig gehackter Petersilie und Pfeffer verschlagen, die geöffneten Hüte von den Stielen schneiden, in der Eimischung wenden, auf beiden Seiten in reichlich Olivenöl braten, mit Salz bestreuen und mit etwas Zitronensaft beträufelt servieren. Für die faserigen Stiele gibt es eine ungewöhnliche Verwendungsmöglichkeit. Sie werden getrocknet und zu einem aromatischen Pulver zermahlen.

PFIFFERLING, EIERSCHWAMM/ CANTARELLO (*Cantharellus cibarius*)
Dieser Pilz ist in Italien auch unter den Bezeichnungen *galletto, gallinaccio, gialletto, finferlo, margherita* und *garitula* bekannt, in Frankreich als *girolle*. Die Tatsache, daß fast jede Region einen eigenen Namen für ihn hat, zeigt, wie beliebt er ist – und dies nicht nur in Italien, sondern auf der ganzen Welt. Wie der Steinpilz ist auch der Pfifferling im Sommer und Herbst erhältlich, meist zu einem ziemlich hohen Preis. Begehrt ist er nicht nur wegen seines zarten Geschmacks, sondern auch wegen seiner schönen blaß- bis aprikosengelben Farbe, seiner hübschen Form und seiner festen Konsistenz. Er sieht aus wie ein unregelmäßig geformter Trichter, und seine relativ weit auseinanderstehenden Lamellen ziehen sich den nur wenige Zentimeter langen Stiel hinab. Er gedeiht in großen Gruppen auf dem moosigen Boden feuchter Wälder.

Sein duftendes hellgelbes Fleisch schmeckt besonders köstlich, wenn man es mit einigen gehackten Schalotten und Kerbel oder Petersilie einfach in Butter brät. Manche Köche fügen Sahne hinzu, doch ich finde, das verdeckt das zarte Aroma. Pfifferlinge schmecken gut mit Rühreiern oder in einem Omelett, aber auch als Beilage zu gedünstetem Fisch und Fleischgerichten. Der Pfifferling läßt sich auf verschiedene Art konservieren, z. B. in Essig als Antipasto, einfrieren oder trocknen, obwohl bei letzterer Methode Form und Farbe besser erhalten bleiben als der Geschmack. Ich selbst habe ein Konservierungsverfahren mit Zucker entdeckt, so daß man ihn zur Dekoration exotischer Desserts verwenden kann (siehe *Finferli al Liquore*, Seite 49).

PINAIOLO → SIEHE BUTTERPILZ/BOLETO GIALLO

RIESENBOVIST/ VESCIA MAGGIORE, LOFFA (*Lycoperdon, Langermannia gigantea*)
Mit einem Durchmesser von bis zu 60 cm ist dies wahrscheinlich der größte Pilz. Unter den Vertretern der Bovistfamilie, zu denen der birnenförmige Birnenstäubling (*piriforme*), der perlmuttartige Flaschenstäubling (*perlatum*) und viele andere gehören, die fast alle eßbar sind, gebührt dem Riesenbovist der Vorzug, weil sein festes weißes Fleisch, wenn es in gutem Zustand ist, eine ganze Familie ernähren kann.

Man findet ihn zwischen Brennesseln, auf Weiden, zuweilen in Wäldern und sogar auf Blumenbeeten – ich entdeckte sogar einmal einen im Londoner Hyde Park, wo er sich unter blühenden Büschen verbarg. Er gedeiht je nach Witterung von Sommer bis Herbst. Meistens sitzt er an einer einzigen Wurzel, die Sie nicht zerstören sollten, wenn Sie den Pilz ernten. Frische, junge Boviste klingen dumpf, wenn man sanft mit den Fingern darauf klopft. Verwechseln Sie den Riesenbovist nicht mit dem ungenießbaren Kartoffelbovist (*Sciero-derma citrinum*), den man oft auf Fußwegen antrifft.

Der Riesenbovist läßt sich auf unterschiedliche Weise zubereiten. Man kann ihn z. B. in Würfel schneiden und in Butter braten, in Scheiben schneiden, in Ei und Semmelbröseln wenden und braten oder, wie ich es liebe, in dicke Scheiben schneiden oder einfach halbieren, mit Knoblauchöl bestreichen, ein paar Minuten pro Seite auf Holzkohle grillen und dann mit Salz und fein gehackter Petersilie bestreut servieren.

SCHOPFTINTLING / COPRINO CHIOMATO (*Coprinus comatus*)
Dieser merkwürdige, aber in ganz Italien häufig vorkommende Pilz aus der *Agaricus*-Familie gedeiht von Frühjahr bis Herbst in großen Gruppen auf fruchtbarem Boden, an den Rändern von Landstraßen, auf Viehweiden und Hügeln. Er hat einen hohlen Stiel und einen länglichen, schuppigen Hut, der mit braunen Punkten gesprenkelt ist. Er schmeckt köstlich, sollte aber nur verzehrt werden, wenn er noch geschlossen ist. Sobald er sich nämlich ganz geöffnet hat, färben sich die Lamellen schwarz, und der Pilz wird ungenießbar. Damit die weißen Lamellen sich nicht verfärben, bricht man den Stiel ab (der sowieso nicht zu gebrauchen ist) und wirft ihn fort.

Der Schopftintling ist auf Märkten schwer zu finden. In Butter geschmort und mit Petersilie an Rührei gegeben, schmeckt er besonders köstlich. Trinken Sie jedoch keinen Alkohol dazu, weil das zu schweren Vergiftungen führen kann.

SCHÜPPLING / PIOPPARELLO, PIOPPINO (*Pholiota aegerita*)
Dieser Pilz kommt genauso häufig vor wie der Hallimasch und wird in ganz Italien, vor allem jedoch im Süden, geschätzt. Er gedeiht im zeitigen Frühjahr und Spätherbst auf Baumstümpfen aller Art, insbesondere von Pappeln und Weiden. Sein flacher Hut, der sich von Braun nach Beige färbt, ist in der Mitte ein wenig dunkler. Er sitzt auf einem langen, dünnen Stiel mit einem weißlichen Ring. Der Pilz wächst in Gruppen, die *famigliole* (kleine Familien) genannt werden, und ist deshalb leicht zu sammeln. Schneiden Sie drei Viertel des faserigen Stiels gleich an Ort und Stelle ab. Seit kurzem wird er auch gezüchtet, so daß man ihn das ganze Jahr hindurch kaufen kann. Die Zuchtpilze sehen auf dem Markt mit ihren kleinen, noch geschlossenen dunkelbraunen Hüten sehr hübsch aus, es fehlt ihnen jedoch das Aroma der Wildpilze.

Der Pilz wird mindestens seit den Zeiten der Römer, vielleicht sogar länger, in italienischen Küchen verwendet. An seiner Zubereitung hat sich kaum etwas geändert. Im Süden kombiniert man ihn mit Tomaten zu einer Pastasauce. Man kann ihn aber auch *trifolato* mit Knoblauch, Chili und Petersilie in Öl gebraten zubereiten, oder verwenden wie den Hallimasch.

SCHWEFELPORLING / POLIFORO SOLFOROSO, POLLO DEL BOSCO (*Laetiporus, Polyporus sulphureus*)
Dieser prächtige Pilz, der auf der Rinde von Eichen oder Weiden gedeiht, wird erstaunlich groß und schwer. Unten schwefelgelb, oben orangegelb, ist er sehr fleischig und bildet Konsolen in jeweils drei Stufen, deren oberste einen Durchmesser von 40 cm erreicht. Die ganze Konsole wiegt mehrere Kilogramm.

Der Schwefelporling gehört zur *Polyporus*-Familie, was bedeutet, daß seine Unterseite von unzähligen Poren bedeckt ist. Sie enthalten die Sporen, die einen weißen Fleck auf der Baumrinde bilden, wenn der Pilz heranreift und alt und holzig wird.

Manche Leute halten ihn für ungenießbar, ich aber serviere ihn regelmäßig in meinem Restaurant, zusammen mit anderen Pilzen gebraten. Er ist nur frisch gepflückt genießbar, am besten, wenn er noch seinen hellen Saft absondert. Sein leicht säuerliches, aber sehr zartes und schmackhaftes Fleisch hat ihm den Namen *pollo del bosco* (Waldhuhn) eingetragen. Zur selben Familie gehören Riesenporling und Klapperschwamm, die jedoch nur klein und zart genießbar sind.

SEMMELSTOPPELPILZ/ STECCHERINO DORATO (*Hydnum repandum*)
Dieser wunderbare Pilz ist eine Spielerei der Natur – er hat weder Lamellen noch Röhren und gehört auch nicht zur Familie der Ascomyceten. Statt dessen hat er Stacheln unter dem Hut, die die Sporen hervorbringen und sowohl seinen deutschen Namen »Semmelstoppelpilz« wie seine italienische Bezeichnung anregten, die sich von *stecco* (Stöckchen) und *dorato* (vergoldet) herleitet.

Er gedeiht von Sommer bis Herbst an feuchten, schattigen Stellen unter Bäumen in Wäldern, wo kurzes Gras oder Moos steht. Man kann ihn auf Märkten in Nord- und Mittelitalien kaufen. Der Hut ist hellorange, unregelmäßig geformt und recht fleischig. Die Stiele sind ebenfalls sehr unregelmäßig; die eng zusammenstehenden und sehr zerbrechlichen Stacheln laufen vom Hut bis zum Stielende hinab und fallen schon bei der leichtesten Berührung ab. Das Fleisch, das etwas heller ist als die Haut, ähnelt dem des Pfifferlings und kann ebenso zubereitet werden.

WIESENCHAMPIGNONS

STEINPILZ/ PORCINO, BRISA, BULE, CEPPATELLO (*Boletus edulis*)
Wenn Italiener von Pilzen sprechen, meinen sie in der Regel den Steinpilz, den König aller Speisepilze. Er ist sowohl wegen seines kulinarischen Wertes als auch wegen seines Aussehens beliebt. Es gibt mehrere Varietäten dieses Pilzes aus der *Boletus*-Familie, die bis auf wenige Ausnahmen alle hervorragend sind. Meiden Sie *B. felleus*, der so bitter ist, daß man ihn nicht essen kann, und *B. satonas*, der sowohl giftig als auch häßlich ist. Halten Sie Ausschau nach *B. reticulatus*, der von Anfang Mai bis Juni und von August bis September gedeiht. Seinen Namen verdankt er dem netzähnlichen Muster (*rete*: lateinisch »Netz«) auf seinem Stiel.

B. pinicola ist meiner Meinung nach wegen seiner dunkelschokoladenbraunen Farbe, des sehr fleischigen Hutes und des festen Stiels der beste von allen. Er erscheint von Sommeranfang bis Herbstende und gedeiht in Nadelwäldern an Gemeinen und Rotkiefern.

B. aureus wird oft mit dem ausgezeichneten *pinicola* verwechselt und ist fast ebenso köstlich. Er kommt vor allem im Süden häufig vor; die besten Exemplare stammen aus Kalabrien, Sardinien und Kampanien, wo das Klima warm ist und viele Eichen wachsen. Von seinen Verwandten unterscheidet er sich durch die intensivere rotbraune Farbe seines Hutes.

Gemeinsames Kennzeichen aller drei Varietäten sind die Sporen, die anfangs cremeweiß sind und sich mit zunehmender Reife erst hell-, dann dunkelgrün färben. Der geöffnete Hut erreicht einen Durchmesser von bis zu 30 cm. Der Stiel ist auch bei kleinen Pilzen rundlich. Daher die italienische Bezeichnung *porcino*, »Schweinchen«.

Um diesen Pilz herum ist aufgrund der anhaltenden Nachfrage eine ganze Industrie entstanden, sowohl Groß- als auch Kleinstbetriebe, die sich auf die Konservierung von Steinpilzen spezialisiert haben, entweder durch Einlegen in Öl oder durch Trocknen. Sie liegen nahe an den Fundstellen, damit die Zeit zwischen Sammeln und Verarbeitung so kurz wie möglich ist. Die beste Quelle für Steinpilze ist der hügelige Teil der Emilia-Romagna. Man findet sie aber auch reichlich im ganzen Piemont, in der Lombardei, in Venetien und im Trentino, in der Toskana, in Umbrien, im Latium, in Kampanien, in den Marken, den Abruzzen, in Kalabrien, auf den Hochebenen von Sila, in der Basilikata, in Apulien und Sizilien. Auch im restlichen Teil der Emilia-Romagna und in Sardinien kommen sie vor, jedoch nicht so reichlich.

Da die Nachfrage so stark ist, werden Steinpilze auch aus weit entfernten Ländern importiert, wie Polen, Rußland, Türkei, Rumänien und dem ehemaligen Jugoslawien – ja, sogar aus Marokko und Tunesien. Diese Importware kann es aber hinsichtlich Duft und Geschmack nicht mit den einheimischen Steinpilzen aufnehmen, so daß man diese lieber selbst konserviert, weil man sich dann auf ihre Qualität verlassen kann.

In der Küche nimmt der *Porcino* den Ehrenplatz ein. Während der Saison wird er in vielfältiger Zubereitung in Spezialitätenrestaurants angeboten. Die großen, aber noch jungen Hüte werden auf Holzkohle gegrillt oder in Scheiben geschnitten, in geschlagenem Ei und Semmelbröseln gewendet und fritiert. Er ist wahrscheinlich der einzige Pilz, der nach dem Kochen cremeweiß bleibt und dessen Konsistenz und Geschmack so unvergleichlich sind.

Porcini trifolati (siehe *Orecchiette Trifolate*, Seite 45) sind ein phantastisches Gericht, aber auch in Schmorgerichten und Suppen schmecken Steinpilze vorzüglich, in Saucen für Pasta und Polenta, in Risotti sowie als Beilage zu Fleisch, zuweilen auch Fisch.

Aus den kleinsten und festesten Exemplaren läßt sich ein wunderbarer Salat zubereiten. Dafür die *Porcini* zunächst säubern und in dünne Scheiben schneiden, auf eine Anrichteplatte legen, mit Olivenöl extra vergine und Zitronensaft beträufeln, mit Salz und Pfeffer bestreuen und mit Grissini servieren.

Wollen Sie die Pilze tiefkühlen, so schneiden Sie sie in etwa 5 mm dicke Scheiben und braten sie 10 Minuten mit ein wenig gehackter Zwiebel in reichlich Butter. Die Pilze in kleine Behälter geben, abkühlen lassen und einfrieren. Die Butter isoliert die Steinpilze vom Eis.

TOTENTROMPETE, HERBSTTROMPETE/TROMBETTA DEI MORTI, CRATERELLO (*Craterellus cornucopioides*)
Der makabre Name Totentrompete läßt nicht ahnen, wie hübsch und aromatisch dieser trichterförmige, dünne, zerbrechliche Pilz ist. Innen ist er schwarz, außen grauschwarz, dazu sehr zart und nur wenige Zentimeter hoch (siehe Abb. Seite 62). Er ist leicht zu finden, da er von Sommer bis Herbst in dichten Büscheln in Mischwäldern auf fast kahlem Boden gedeiht.

Zum Putzen schneiden Sie das Stielende ab, und prüfen Sie, ob im Trichter Blätter und Insekten eingeschlossen sind. Braten Sie die Totentrompeten sanft in Butter, und reichen Sie sie als Beilage zu gedünstetem Fisch, insbesondere Seezungenfilet.

MORCHELN

Die schwarzen Pilze mit ihrem zarten Duft und Aroma bilden einen höchst dramatischen Kontrast zu dem weißen Fisch. Totentrompeten sind besonders bei professionellen Küchenchefs beliebt und können nach denselben Rezepten zubereitet werden wie Pfifferlinge.

TRÜFFEL/TARTUFO
(TUBER AESTIVUM,
T. MAGNATUM PICO,
T. MELANOSPERMUM)
Die Römer glaubten, diese unterirdische Knolle, *tuber* (Beule) genannt, sei die Frucht des Blitzes, die unter oder in der Nähe von Bäumen wachse. Sie konnten für etwas, was so köstlich war, daß sogar Schweine davon berauscht wurden, keine andere Erklärung finden. Jahrhundertelang galt die Trüffel als besondere Speise, die nur kultivierte Menschen genießen konnten. Dieser Nimbus des Elitären ließ die Trüffel zu einem Luxusobjekt avancieren, das sich nur reiche Leute leisten konnten. In Italien ißt sie trotz des hohen Preises fast jeder mindestens einmal im Jahr, und wenn es nur ein paar Späne sind, die auf einen Teller Nudeln gehobelt werden. Erst kürzlich machte man die Entdeckung, daß man Trüffeln ziehen kann, indem man die Wurzeln ausgewählter junger Eichen mit ihren Sporen präpariert. Es dauert jedoch zehn Jahre, bis sie reif sind – eine lange Zeit, und wer weiß dann noch, welche Bäume präpariert wurden? Trotz dieses neuen Verfahrens zur Steigerung der Produktion bleiben die Preise hoch, da die

große Nachfrage die Möglichkeiten der Natur bei weitem übersteigt.

Es gibt drei Varietäten Trüffeln, die alle zur selben Art gehören:

WEISSE ODER ALBA-TRÜFFEL/ TARTUFO BIANCO (*Tuber magnatum pico*)
Das Langhe-Gebiet im Piemont ist ihr Hauptverbreitungsgebiet. Zwar gibt es diese Varietät auch in der Emilia-Romagna, in den Marken, in Umbrien, der Toskana und in Kalabrien, doch kann sie sich dort nicht mit der piemontesischen Alba und ihrem intensiven Aroma messen. Da die Alba die beste und begehrteste Trüffel ist, ist sie auch die teuerste und kostet bis zu 5000,– DM pro Kilo. Sie wird ausschließlich roh gegessen, mit einem besonderen Trüffelhobel (*mandolino*) in feine Späne geschnitten. Man streut sie über verschiedene Gerichte, um ihnen einen Hauch des kostbaren Trüffelaromas zu verleihen.

SCHWARZE ODER PÉRIGORD-TRÜFFEL/ TARTUFO NERO DI NORCIA ODER INVERNALE (*Tuber melanospermum*)
Diese Trüffel gedeiht vom Winter bis zum späten Frühling in Umbrien, insbesondere um die Stadt Norcia herum, aber auch im Piemont, in der Emilia-Romagna und in Kalabrien. Eine ähnliche Trüffel gibt es in Kampanien in der Gegend von Bagnoli Irpimia. Leider riecht sie stark nach Karbolsäure, weswegen sie nicht sehr begehrt ist – außer bei den Einheimischen, die sich offensichtlich darum reißen. Die schwarze Trüffel hat eine wesentlich glattere Haut als ihre Verwandte, die Sommertrüffel. Die Schwarze Trüffel kann gehobelt werden wie die Sommertrüffel, man verwendet sie jedoch hauptsächlich in Saucen, Pasteten und Gerichten mit einer Teighülle, damit ihr Geschmack so gut wie möglich bewahrt wird. In Umbrien hackt man sie und dünstet sie in Butter als Pastasauce.

SOMMERTRÜFFEL/ SCORZONE (*Tuber aestivum*)
In Italien wird diese Trüffel wegen ihrer zähen und warzigen schwarzen Haut *scorzone* (von *scorza*: Haut) genannt. Sie gedeiht an den Wurzeln von Kastanien, Buchen und Haselsträuchern vom zeitigen Sommer bis spät in den Winter. Wie alle anderen Trüffeln ist auch sie nur mit Hilfe von Hunden zu finden. Manchmal wächst sie jedoch so dicht unter der Oberfläche, daß ihre knubbelige Haut aus der Erde herausschaut. Die Haut trägt pyramidenförmige Warzen, doch das Fleisch ist cremig; es ist mit weißen Adern durchzogen und färbt sich beim Heranreifen bräunlich. Wegen ihres schwachen Geruchs und wenig ausgeprägten Geschmacks hat sie kaum kommerziellen Wert und gilt unter den Trüffeln als arme Verwandte. Oft gibt man ein wenig Trüffelöl dazu, um ihren Geschmack zu verstärken.

VIOLETTER RÖTELRITTERLING/ AGARICO NUDO (*Lepista nuda*)
Dieses häufig vorkommende, hübsche Mitglied der Familie der Blätterpilze findet man vom Herbst bis in den zeitigen Winter in Laubwäldern und auf waldnahen Feldern. Meist wächst es einzeln, manchmal aber auch in kleinen Gruppen.

In der Jugend ist meist der ganze Pilz violett und färbt sich im Alter braun. Der runde, flache Hut erreicht einen Durchmesser von 12 cm; der unregelmäßige Rand ist nach innen eingerollt. Das Fleisch ist ziemlich fest, schmeckt nussig und duftet zart. In rohem Zustand ist der Pilz leicht giftig, nach dem Kochen aber durchaus genießbar. Versuchen Sie einmal, die Pilze in Butter zu schmoren, bis der ganze Saft verdampft ist. Dann mit Schnittlauch, Salz und Pfeffer als Beilage zu Fleisch oder Fisch servieren.

Man kann den Violetten Rötelritterling zwar nicht trocknen, jedoch einlegen oder einfrieren.

WIESENCHAMPIGNON/ PRATAIOLO (*Agaricus campester*)
Der gewöhnliche Champignon wird hauptsächlich in abgedunkelten, feuchtigkeits- und temperaturkontrollierten Räumen gezüchtet. Die Sporen werden mit sterilisiertem Stroh und Mist vermischt und auf großen Tabletts ausgebreitet. Nach 2 bis 3 Tagen beginnen sie zu sprießen. Die Pilze werden von Hand geerntet, wenn sie die erforderliche Größe erreicht haben. Sie werden das ganze Jahr über angeboten. Dieser kommerziell gezüchtete Pilz ist zwar nahezu ohne Geschmack, wird aber täglich in der Küche verwendet.

Die wilde Form des *Prataiolo*

Totentrompete, Herbsttrompete

dagegen, der Wiesenchampignon, den die Franzosen *rose de pré* (Wiesenrose) nennen, ist eine echte Köstlichkeit. Er wächst von August bis November dicht am Boden im niedrigen Gras von Weideland, insbesondere auf Pferdekoppeln (siehe Abb. Seite 59).

Der Wiesenchampignon ist ein Mitglied der *Agaricus*-Familie, zu der viele andere eßbare Pilze gehören, die unter sehr ähnlichen Bedingungen gedeihen. Zu den schmackhaftesten zählen *Agaricus silvicola*, der unter Nadelbäumen wächst, und der silberweiße *A. macrosporus*, der Hochlandweiden bevorzugt, einen Ring um den Stiel trägt und rosa Lamellen besitzt, die mit dem Alter nachdunkeln. Ein weiterer Pilz aus dieser Familie, *A. bisporus*, wird erfolgreich kultiviert; sein auf der Oberfläche bräunlich gefärbter Hut kann einen Durchmesser von 10 cm erreichen. Das größte Mitglied der Gruppe ist *A. arvensis*, der Schafegerling. Mit seinem Hut von bis zu 30 cm Durchmesser ist er ein echter Riese. Auch er hat einen Ring um den Stiel und die typischen rosa Lamellen, die im Alter fast schwarz werden.

Wenn Sie Champignons sammeln wollen, meiden Sie den sehr ähnlich aussehenden *Agaricus xanthoderma*, der ebenfalls weiß ist, einen Ring um den Stiel und rosa Lamellen hat. Er färbt sich jedoch gelb, wenn man ihn berührt. Man kann ihn auch an der gelben Stielbasis erkennen. Solche Einzelheiten können Sie nur dann feststellen, wenn Sie die Pilze nicht abschneiden, sondern vorsichtig herausdrehen, ohne das Mycel beziehungsweise die Wurzeln zu beschädigen.

Wiesenchampignons sind sehr vielseitig und lassen sich in der Küche auf unterschiedliche Weise verwenden. Sie können Sie roh in Salate geben, in Butter braten, Omeletts damit füllen oder sie *al funghetto* (mit Knoblauch und Petersilie in der Pfanne gebraten) zubereiten. Eines sollten Sie jedoch nie tun: sie schälen, weil dann der ganze Geschmack verlorengeht. Wischen Sie sie lieber mit einem feuchten Tuch ab und schneiden Sie das sandige Stielende mit einem Messer ab.

Rezeptverzeichnis

Die Rezepte/Ratschläge in diesem Buch sind von Autor und Verlag sorgfältig geprüft; dennoch kann eine Garantie nicht übernommen werden. Eine Haftung des Autors bzw. des Verlags und seiner Beauftragten für Personen-, Sach- und Vermögensschäden ist ausgeschlossen.

Abkürzungen und Erklärungen

EL = Eßlöffel
TL = Teelöffel
l = Liter
g = Gramm
kg = Kilogramm

Titel der englischen Originalausgabe:
The Carluccio's Collection – Mushrooms & Truffles
Ins Deutsche übertragen von Lexa Katrin Gräfin von Nostiz, Ursula Wulfekamp (Rezepte) und Martina Walter (Einleitung)
Die Originalausgabe erschien 1999 im Verlag Quadrille Publishing Ltd., London
Dieser Band ist Teil der bereits erschienenen englischen Originalausgabe:
Carluccio's Complete Italian Food

Redaktion der deutschen Ausgabe: Martina Walter, Baiern
Technische Betreuung: Ulrike Walleitner
Foodstyling: Priscilla Carluccio
Farbreproduktionen: Colour Scans, Singapur
Satz: GRAMMA GMBH, München
Druck und Bindung: Dai Nippon Printing Co.
Printed in Hongkong

ISBN 3-453-16521-7